U0909741

史说平乡系列丛书

东岳天齐庙

赋平 著

方志出版社

让我们走近平乡东岳天齐庙
拂去历史的尘雾
透过香客们祈福的袅袅青烟
一起去探索它背后的故事
尘封的往事
一起去领略它昨日的风采
……

图书在版编目（CIP）数据

中国平乡兴固寺　中国平乡东岳天齐庙 / 赋平著
-- 北京 ：方志出版社，2016.4
（史说平乡系列丛书）
ISBN 978-7-5144-1974-0

Ⅰ. ①中… Ⅱ. ①赋… Ⅲ. ①佛教－寺庙－史料－平乡县②道教－寺庙－史料－平乡县 Ⅳ. ①B947.222.4 ②B957.222.4

中国版本图书馆CIP数据核字（2016）第064889号

史说平乡系列丛书

中国平乡东岳天齐庙

著　　者：赋　平
责任编辑：冯　松

出 版 人：冀祥德
出 版 者：方志出版社
地址　北京市朝阳区潘家园东里9号（国家方志馆4层）
邮编　100021
网址　http://www.fzph.org
发　　行：方志出版社发行中心
电话（010）67110500
经　　销：各地新华书店
印　　刷：河北省地勘局第十一地质大队印刷厂

开　　本：787×1092　1/16
印　　张：12.75
字　　数：100千字
版　　次：2016年4月第1版　2016年4月第1次印刷
印　　数：0001－5000册

ISBN　978－7－5144－1974－0　　两册定价：76.00元

[序]

序

道祖老子在这里传经布道；平乡人张角，在这里创立太平道，吹响了黄巾起义的号角；秦始皇慕名而来，敲响古钟，钟声穿透云霄；于吉、丘处机、墨道人等道教名士曾在此修身悟道，传道兴教……太平道乐传承千年，太平鼓声威震四方，祭冰神、抬皇杠带来丰收安康，道教文化由此深入心髓。

沧海桑田，白驹过隙。转眼间，千年时光飞逝，多少辉煌与美丽都深埋于地下。让我们走近平乡东岳天齐庙，拂去历史的尘雾，透过香客们祈福的袅袅青烟，一起去探索它背后的故事、尘封的往事，一起去领略它昨日的风采……

平鄉縣
東嶽天齊廟
太平道音樂團

天齐庙正门

[目　录]

目 录

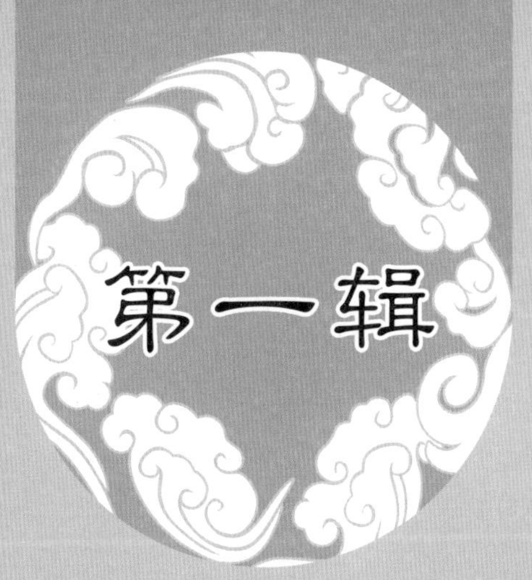

第一辑

道源圣地

《道德经》老

庙前安静的街道

从老子说起

平乡东岳天齐庙的建立，还得从老子辞官归隐说起。

老子传道“九龙口”

老子姓李，名耳，字聃（音“旦”），公元前571年生于春秋时期的楚国苦县（今河南鹿邑）。关于他出生的传说，有很多版本，最有趣的当属唐代张守节的《史记正义》里面说，老子是彭祖的后裔，在商朝阳甲年，公神化气，寄胎于玄妙王之女理氏腹中。理氏怀孕81年后才生下一个男孩。这男孩一生下来就白眉白发白胡子，并且双耳非常大，因此，理氏给他取名“耳”，字聃

老子

（“耳朵长而大”的意思）。他一生下来就会说话，指着院子中的一棵李子树，说：“李就是我的姓”。人们因他生下来就是白头发，便称他为老聃。

老聃自幼聪慧，静思好学，常让人给他讲国家兴衰、战争成败、祭祀占卜、观星测象之事。他渐渐地成为一名知识及道德修为都出类拔萃的饱学之士，被周天子任命为“守藏室之史”。这个相当于现在国家图书馆馆长的职

老子出关图

位，为老聃提供了博览群书的好机会，他因此饱读经史、医学、天象学等各类典籍。人们因他涉猎广泛，学识渊博，尊称他为“老子”。

公元前516年，姬朝（周景王之子）作乱战败，带着守藏室的全部典籍逃走。自此，老子便辞官归隐。

其实，早在做“守藏室之史”期间，老子就从史书中了解到，楚地以北的繇（今河北平乡），南临洚水、北临大陆泽，风景秀丽，繁华富庶，是块风水宝地。并且，这里是殷商故都所在地，曾建有举世闻名的沙丘宫。对于一位喜研史学的人来说，沙丘宫是活灵活现的历史，遗都是繁华盛世的见证。或许正是出于这份求学之心和仰慕之情，老子来到了繇。

当他踏上今天河古庙所在的这片土地时，发现这里视野开阔，一马平川。极目四望，远处地势平坦，碧草野花点缀其间，有九条大河从四面八方向一处汇聚，又似九条巨龙向远方奔腾而去。老子一看，欣喜万分。古人认为，九是最大的数字，并且，八卦阳爻用“九”开头，认为九是“太阳”，也就是“大”阳。“阳”寓意生命，“九阳”就是阳寿绵长的象征。龙，是中国古代传说中的神异动物，与凤凰、麒麟、龟一起并称“四瑞兽”，是祥瑞之兆。这样天地灵气汇聚的地方，被称作“九龙口”，有助于成仙悟道，是难得的风水宝地。于是，老子留了下来，筑茅庐而居，在此讲经布道。

往事越千年，我们已经很难从史料中找到关于老子在此地传经布道的记

古平乡八景之“沙丘树色”

录，但有关“九龙口”的说法，我们在《史记》当中找到了一些印迹：

据《史记》记载：（禹导河）“道河积石，至于龙门，南至华阴，东至砥柱……北过降（通洚）水（即漳河），至于大陆，北播为九河，同为逆河，入于海。”历史上，黄河从大陆泽向北分为九条河，分流入海。大陆泽位于河北平原西部太行山河流冲积扇与黄河故道的交界洼地，为漳北、泜南诸水所汇，水面辽阔，跨今邢台市的隆尧、巨鹿、任县、平乡、南和、宁晋六县。可见老子传道

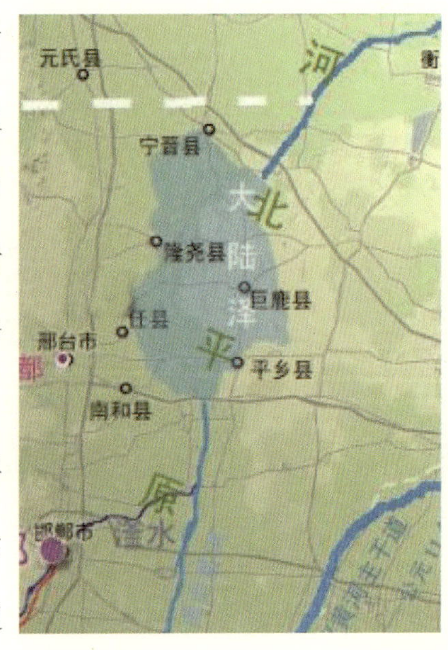

大陆泽跨境图

"九龙口"的说法并不是空穴来风。

留下八个周天

民国时期，平乡县丁周天村有一位著名的老中医，名叫傅英傑（字拔萃，号老拔），去世的时候已经100多岁了（具体年龄不详，因平乡民间有一种传统，自家老人一旦超过99岁，实际年龄就不再对外透露，对外只称99岁。可能是为了避讳"百年之后"的说法）。他生前以"练周天"来强身健体，关于这种功法，他曾经讲过一个故事。

老子来到这里的那一年，正赶上一场瘟疫来势凶猛，一夜间就蔓延开来，难以抑制。于是老子施药救人。他先是利用"符水咒说"医治病人，但因疾病传播得很快，仅靠符水实在难以控制。于是，老子就把自己练就的一种强身健体之法传授给民众。这种功法被后世称为“周天”。

周天者，圆也，气路之行径也。圆者，周而复始，连绵不断之谓也。练功时，首先要让心“空”起来，也就是达到“无”的境界，“致虚极，守静笃”“专气以致柔”，眼瞅一处使自己身体自然放松下来，然后微闭双目，达到极为虚空的境界。把意念聚集在上丹田，慢慢地顺着身体经络往下走，到中丹田、下丹田，再经下鹊桥往上去尾闾关、命门到夹脊关，最后让意念经玉枕穴又到上丹田，便为一个小周天；全身经络的大循环就是大周天。通过练功加强周天循环之速度和质量，借以祛

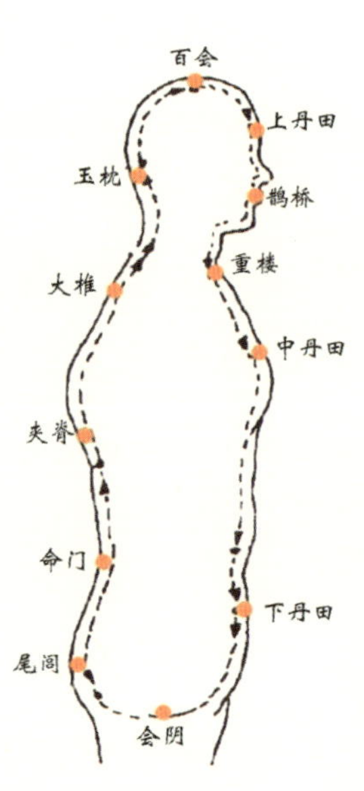

人体穴位图

病强身，激发人体潜能和智慧。所谓“意到气到，气到力到，力到生效”。通俗点说，“练周天”就是让意念引领内气在体内沿任、督等经脉循环，使人的经脉通畅，并能练精化气、练气化神，从而达到消除疾病、强身健体的目的。

这种功法虽非朝夕可以练就，但给当地民众提供了最早期的修炼打坐和运气的指导。不知道是功法起了作用，还是药符的功效，大家最终平安渡过了这场灾难。

现在，距离东岳天齐庙西北5公里的地方还有叫做“周天”的村庄，据说村名即来源于此。后来，周天又发生了很多神奇的故事，比较著名的有萧天佐扎周天营、张角摆周天阵等。后世又有

“大水漂天，淹不了周天”的传说，极言此地是块吉祥宝地。

解放后，该村按姓氏又分为八个小村，分别叫丁周天、李周天、杨周天、郑周天、段周天、徐周天、耿周天、姜周天。

如今，平乡乃至全国各地还有很多习练周天功的人。在平乡后马庄村有一位名叫张福印的老人，二十世纪五十年

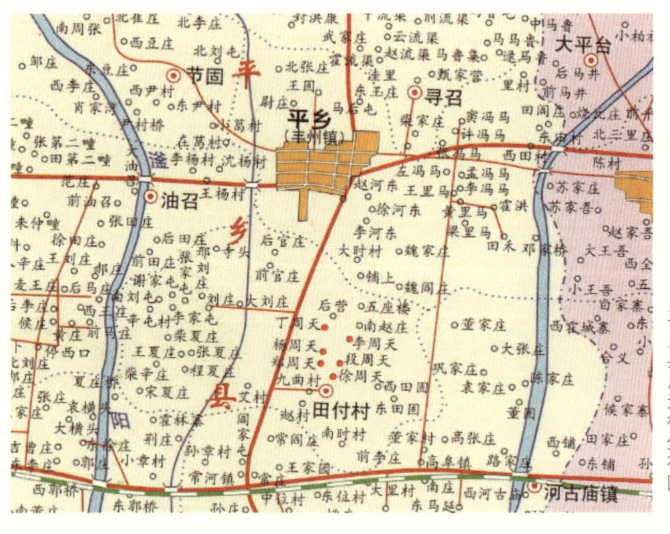

平乡县周天村分布图

代在供销社从事文秘工作，工作非常紧张，常年加班加点地熬夜写材料。后来患上神经衰弱，彻夜难眠，饱受其苦。经年求医问药，但是疗效甚微。退休后回到村里生活，他见老乡练周天功，听说可以强身健体，也就跟着练习。刚练几天，他就感觉睡眠好了。于是，他练功的劲头更足了。没想到几年后，他红光满面，健步如飞，神经衰弱竟然不药而愈，大家都拍手称奇。

在邢台市桥西区的一个洗车行内，悬挂着一副对联“洗尘归真须吾行，超凡入圣宜练功”。店长刘老板习练一种称之为“道家内功”的气功，实则也为周天功。刘老板思维清晰，干活麻利，丝毫不比年轻人逊色。因为练习周天功，已经七十多岁的他看起来也不过五十来岁。更有意思的是，因为面相年轻，许多人错把他的女儿当作他的妹妹。

因练周天功而长寿的人也很多。在柏乡县有一位赵老先生习练周天功已经几十年，他精神矍铄，耳聪目明。90多岁的人了，行动自如，偶尔还能帮儿女干些简单的农活。看着老人自家小院菜畦里郁郁葱葱的瓜果蔬菜，让人不由感叹岁月对他的优待。

真的只是岁月的优待吗？当问到这些老人的保养秘诀时，他们不约而同地提到“周天”，提到“道家内功”，这大概是真正的秘诀所在吧。

“古碑文”的故事

平乡东岳天齐庙内有一块石碑，碑上有56个字，每个字均由2–5个简单的字组成，乍一看似乎都熟悉，可是真正读起来会发现一个也不认识。因为文字生僻、字形奇特，所以人们称其为“古字”。“古碑文”是怎么来的？民间有这样一种说法。

当年，老子把“周天功”传授给方圆十几里的百姓后，大家以习练周天功来强身健体、治疗瘟疫。他又采回各种野生药材，用文火熬，用陶片焙，精心研磨成粉，给生病的人们服用。一连几天，老子都不曾合眼。得瘟疫的青壮年服用后很快康复，但有一些体弱的老人治疗了很长时间，病情却不见明显好转。老子于是日夜冥思苦想，改良药方。经过反复实践，他发现烧炼而成的药丸药效更好，于是决定筑炉炼丹。

在村民的帮助下，炼丹炉很快建成。老子根据天道阴阳之理，在丹炉的每一面，按照方位分别刻上乾、坤、震、巽、坎、离、艮、兑八个字，并装饰麒麟、仙鹤等寓意吉祥的图案，又刻上8句七言56字炼丹咒语，观天相择定了炼丹的黄道吉日。这56个字，最初只是象形符号，包含了老子炼丹功法的诀窍和精华。有的是丹药的配方，有的是炼丹的心法，有的是延年益寿的秘诀。后人为了便于流传和记载，根据其内容翻译成56个奇特的文字组合，就是我们看到的“老子古碑文”。

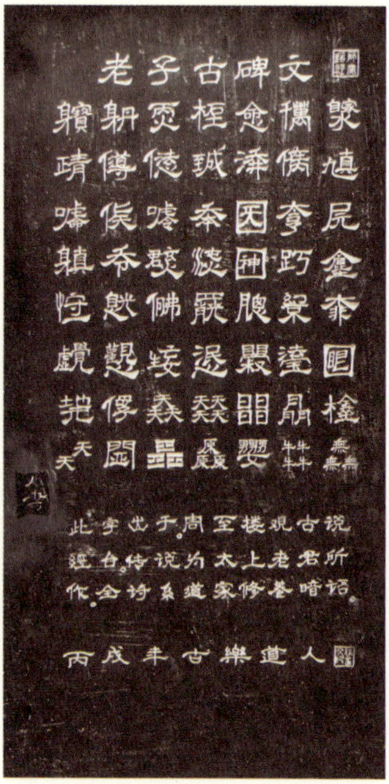

炼丹时，老子将调和好的中药材，配以对人体有益的矿物质用文火烧炼，二十八天后，

复原后的『老子古碑文』

丹药方成。揭炉时轰然一声，犹如雷震，只见炉膛内金光灿灿，随即闻到一缕药香，沁人肺腑。老子先试用一粒，第二天感觉神清气爽，仿佛脱了凡骨。他立即将这些丹药送给病重的老人。神奇的是，患病的人吃了老子炼制的丹丸后，不出几日身体便康复，有了精气神，走起路来健步如飞。村民们看到丹药如此神奇，上门求药的人络绎不绝。

后来，老子离开此地。又过了很多年，炼丹炉渐渐不知所踪。百姓感念老子功德，将炼丹文当作老子劝诫众生修身养性的箴言，刻成碑文放在他曾居住的茅屋，每日焚香供奉。这块古碑伴随此地民众生活了一代又一代，渐渐不知下落。

古碑的样子，由于各种历史原因，没有留下任何公开的文字和图像记载，只是在道徒间代代秘传。重修天齐庙时，后人根据老道长的描述，复原了这块古碑。碑上的文字后经学者考证认为的确是老子炼丹的咒语，翻译过来就是："玉炉烧炼延年药，正道行修益寿丹，呼去吸来息由吾，性空心灭本无看，寂照本欢忘幻我，为见生前体自然，铅汞交接神丹就，乾坤明原系群仙。"这是炼丹人、道家修行之法则。虽仅有56个字，却将道家奥妙无穷的修炼方法展现了出来。

道德经壁的来历

天齐庙山门以南，曾经矗立着一面壮观的道德经壁。这块道德经壁还有一段来历。

在繇生活一段时间之后，老子汲取了此地之灵气，也度化了一方百姓，便决定离开。因他对养生之术颇有研究，当地百姓恳求他再传授一些修身养性的秘诀。他思忖片刻，说了八个字“专气致柔，涤除玄鉴”，意思是凝聚精气使身体柔顺；排除杂念，让心灵虚空。

老子离开后不久，闻名千年的经典著作《道德经》便问世了。其中一章是这样说的：“载营魄抱一，能无离乎？专气致柔，能如婴儿乎？涤除玄鉴，能无疵乎……”老子以反问的形式列举了几种使心达到“空”“无”的方法。他认为，无论处理事情，还是练功、治国，都是从“无”开始，涤除杂念。这跟他在繇治病救人所练的“周天功”原理如出一辙，也正是老子在繇口授的养生心得。所以，很多人认为，这一章实际上跟老子口述的八个字是一回事，可见，在緱时，老子已经开始创作《道德经》。

后来，天齐庙广大信众千方百计寻来《道德经》全文，在山门正南树立起一面“道德经壁”，将经书全文镌刻其

上，以示永久纪念。几百年后，经历风雨沧桑、战乱灾荒的道德经壁不知所踪。2007年，广大信众捐资在天齐庙东跨院重修了道德经壁，以延续和传承老子的思想。

复原后的道德经壁

泰山方士与“灵观”

战国时期，东岳泰山上有一位方士想得道成仙，苦修多年，仍不能如愿。一日，方士听说华山是座仙山，古代神仙冯夷、青乌公、赤斧等都是在那里得道成仙的，就决定西去华山修道。

方士一路西行，走到繇这片地方时，听说这里曾经是老子传道之地，就想亲临故处，沾染一些灵气。这时，经过岁

虔诚向道

月变迁，风雨侵蚀，当年的茅屋已不复存在，只留下一片高台。方士于是在此筑坛，祭祀老子。

此时的繇正处在水深火热之中。这年春夏两季都没有下一滴雨，附近的河流沟渠都干涸了，老百姓颗粒无收。秋天的时候，又发生了蝗灾。这种虫子所到之处，寸草不留，人们遇到了前所未有的灾荒年（史料记载，公元前253年，繇“干旱，虫灾，颗粒无收，民大饥”）。

方士看到这种情况，决定留下来帮助此地百姓渡过这场灾难。他是一位博学之士，涉猎广泛，天文地理无所不包。他知道蝗虫在干旱的环境中容易滋生繁殖，“蝝之所生，必于大泽之涯，必于骤涸之处”，像这样大旱之后出现的蝗灾，必须靠雨水方可遏制，于是决定作法求雨。

方士来到最初祭祀老子的高台，立法坛，上章奏，把事先写好的符咒投进附近的河流（因为道家认为河流多有蛟龙出没，利于招来龙神兴云布雨）。果然，几个时辰过后，干旱的土地迎来了盼望已久的瓢泼大雨。大雨连续下了三个昼夜，雨水带着大批的蝗虫流向坑洼地带，河流沟渠再一次涨满了水，蝗虫都被淹死了。方士又带领民众把这些虫子收集起来，有的用火烤熟后充饥；有的日后晒干，储存起来。这样一来，既治理了蝗灾，又渡过了饥荒。

方士拯救了一方百姓后决定重新踏上西去华山的道路。听说他要走，全村老少齐出动，苦苦挽留，希望他能在此停留一段时日。一方面给大家一个报恩的机会，另一方面，万一蝗虫再来，大家也有所依靠。方士感念百姓盛情，答应再停留一段时间。百姓们欣喜万分，于是有钱的出钱，有力的出力，迅速为方士在高台上修筑了一处居所。

又过了几个月，蝗灾没有复发，百姓们的生活也恢复了平静。方士在一天清晨悄悄离开了此地，踏上了他的修行之路……

他离开后，百姓把他生活过的地方当成了祭祀的场所，每年都加以修葺。这个地方香火越来越旺盛，规模也越来越大，几十年后，渐渐发展成一座不小的宫观，附近的人也常来这里祈福。这座具有了道祖老子与东岳泰山之灵气的宫观，对百姓的祈愿有求必应，十分灵验，人们便将它称作“灵观”。这就是东岳天齐庙的前身。

静谧安详

秦始皇慕名而来

公元前213—前212年，中国文化史上发生了一次重大灾难——“焚书坑儒”。史书中对焚书事件的发生原因是这样记述的：公元前221年，中国历史上第一个大一统的中央集权王朝——秦朝建立。由于当时社会上百家争鸣，严重阻碍了秦始皇对原六国民众思想的统一，秦始皇采纳李斯的建议，下令焚书。

道家的《道德经》却幸免于难。这部记录了老子学说的巨作，是道家哲学思想的重要来源，涵盖了政治、兵法、养生学、自然科学等内容。秦始皇为什么没有烧掉占据百家文化之首的《道德经》呢？据古籍记载，秦始皇完成了他一统天下和建造长城的伟业后，便开始憧憬长生不老。他注重养生，因而十分迷信方家术士，自己也是道家思想的信徒。那么在焚书事件中，秦始皇保全道家名典的做法也不难理解了。

也正是因为对道家的极度推崇，才成就了千古一帝秦始皇与东岳天齐庙的一段缘分。

传说，秦始皇率领百官群臣东去泰山封禅，经过钜鹿郡郡治（今平乡镇）时，听说这里有座宫观，是道祖老子修道之地，而且观内有口宝钟十分神奇，响一下两郡四县五洲头都能听到。为了瞻仰老子道场的遗迹，求得长生不老的秘籍，也为了观看观内宝钟，秦始皇迫不及待地移驾东岳天齐庙。

平乡镇钜鹿郡遗址考古现场

当秦始皇站到古钟前，见到的钟却远没有想象中的雄伟高大；声音虽洪亮，但也远不似传说中的“可听两郡四县五洲头”。他非常失望。见龙颜不悦，众人慌忙跪下。这时观内方士连忙

复原后的天齐庙大钟

解释说，钟声可听“两郡四县五洲头”是因为此地位于两个郡、四个县的交界处，并且，道观周围有五个“三洲村”。虽然在民间传诵中，钟被无形夸大，但这也正好表达了当地百姓对宫观的敬仰之情。听到这里，秦始皇的脸色才稍稍有所缓和。

再往观内走，秦始皇看到了一块字形奇特的石碑，碑上的字一个都不认识，随行的大臣也没一个能念出来。方士解释说，这是老子在此地炼制仙丹、

平乡镇钜鹿郡城遗址

研究养生之术时留下的56字箴言，是道家炼丹的秘诀，非修道之人都不认识。秦始皇听后龙颜大悦：自己苦苦寻找的灵丹妙药原来就在这里。他命方士速速翻译给他听，并着人做好记录。这彰显道家养生哲学的短短56字，让秦始皇一扫观钟的不快，重新兴致盎然地在观内游览起来。

秦始皇此番行程，在钜鹿郡获得如此至宝，使钜鹿郡备受重视。之后，秦始皇修建驰道，开凿灵渠，以连接全国各郡县。长城以南只有四条大驿道，而经过钜鹿郡的就有两条，大大便利了交通。与其说这是秦始皇对钜鹿郡的厚爱，不如说这是出于他对道祖老子的敬仰之情。

于吉传授《太平经》

东汉时，高道于吉曾担任东岳庙住持，民间称他为“吉道士”。

于吉，又名干吉，汉末至三国时期道士。史书记载，他生于琅琊（今山东胶南），早先寓居东方，懂阴阳、会卜算，擅长用符水治病，是位得道高人。除了治病救人、修行悟道之外，于吉还是一位关心民生疾苦的贤达之士。

东汉末年，灵帝荒淫无道，宠信奸

臣，买官卖官，残害忠良，朝野上下苦不堪言。于吉对当朝统治者非常不满，常常思忖救国救民之策。一日，他夜观天象，发现“帝星”暗淡，有一颗神秘的“将星”现于西方天际，光芒隐隐有盖过帝星之势。于吉大喜，认为将有圣人出现，为民请命，讨伐无道昏君。于是下定决心要辅佐“将星”干一番事业，救民于水火。

打定主意后，他就带着《太平清领书》，循着“将星”的方位前去寻访。《太平清领书》可是一本了不起的“神书”，《后汉书·襄楷传》记载：顺帝时，琅琊人宫崇向皇帝敬献了一本书，说这本书是他的师父于吉在曲阳泉水上所得，共一百七十卷。内容包括治世之道、伦理之则以及长寿成仙、治病养生、通神占验之术，有代表下层民众反对统治者恃强凌弱，主张自食其力、周穷救急的思想。这就是《太平清领书》。后来，这本书又被称为《太平经》。

于吉走了月余，来到钜鹿这片地方时，感到“将星”光芒越来越璀璨，王侯之气也越来越盛。他知道自己离要寻找的那个人不远了，于是决定先住下来，在方圆百里之地寻访。当时的东岳庙已经颇具规模，又是道祖传道之地，所以他留在了这里，边传道治病，边寻访“将星”。

一天，于吉去西山（灵霄山）采药，在山腰休息时，遇到一个年轻人，此人八字眉，大耳垂，鼻挺直，唇微厚，双目炯炯有神。攀谈之下，又发觉这个年轻人谈吐不凡，绝非一般乡民，于是便有了结交之意。二人越谈越投机，当于吉得知这年轻人名叫张角，也是钜鹿郡人，并且他的家乡离东岳庙只有三十余里时，便约他到庙里做客。

灵霄山

于吉和张角交往日深，感觉他的确是一位心系苍生，胸有大志之人，认定他便是自己要找的“将星”，就把《太平清领书》赠予张角，并嘱托他以其中教义发动民众，替天行道。后来，张角以此书创立太平道，发动了黄巾起义。

使命已了，在东岳庙居住一段时间后，于吉离开此地，开始云游。后来，他到了吴会地区。《三国志·孙策传》注引《江表传》记载：“时有道士琅琊于吉，先寓居东方，往来吴会，立精舍，烧香读道书，制作符水以治病，吴会人多事之。”

太平道从这里发源

东汉末年，朝廷腐败，阶级矛盾激化，太平道应运而生。其创始人是冀州钜鹿人张角（1999年版《辞海》载，张角为平乡县人），他精通医理，治病救人，对道家研究也颇深。

张角得到于吉所赠的《太平清领书》（即《太平经》）后，日夜研读，并假托此书为神仙所赠，以此号召世人。据传他能呼风唤雨，号为“太平道人”。既为道人，则必找一庙宇扎根才对，于是四方寻找，最后把东岳庙作为根据地，在这里正式开始了他的治病救人之路。《后汉书皇甫嵩传》说：“张角自称大贤良

影视作品中的张角

师，奉事黄老道，蓄养弟子，跪拜首过，符水咒说以疗病，病者颇愈，百姓信向之。”就是说张角治病很灵验，百姓都很信服，在治病的同时，他以黄老善道，教化天下。当时，东汉朝野中达官显贵多有信黄老道者，许多统治者也相信他是以善道教民。

灵帝熹平年间(公元172—178年)，张角在大量招收学生、培养弟子、吸收徒众的基础上，创立了太平道。太平道以推翻腐朽没落的东汉王朝、建立太平社会为己任，其纲领、目标、教义、称号、教区组织、口号、宗教仪式、活动内容、传教方式等，皆据《太平经》而来。

除了以东岳庙为中心向四方发展教徒外，张角还派出8名弟子分赴全国各地传道，自己坐镇东岳庙内指挥。并对庙内的建筑修缮和改造，挖了一个地道，直通庙南一公里外，开口处是一座土山的半山腰，外面用松竹挡住了洞口，非常隐秘。又在地道内建了一个密室，能容纳几百人，作为指挥部和会议室。“黄巾起义”的大计，便是在这里诞生的。庙内入口在正殿神像座下，外有旋钮机关。

经过十多年的努力，太平道教徒发展至数十万人，遍布八州。张角感到时机成熟，根据《太平经》中“顺五行”的方法，秘定于甲子年甲子日，即灵帝中平元年（184年）三月五日起义。但起义前一个月，因叛徒告密，张角不得不提前起事。

汉灵帝中平元年(公元184年2月)，起义的号角吹响，因义军头戴黄巾，史称“黄巾起义”。起义军势如破竹，《史记》称，“所在燔烧官府，劫略聚邑，州郡失据，长吏多逃亡。旬日之间，天下响应，京师震动。”但在汉灵帝的诏书下，各路豪强对黄巾军群起而攻之，黄巾军受到重创。

传说，万般无奈之下，张角连夜回到东岳庙，祈求神明，希望找到出路。张角在庙内求签占卜，连掷三签都一

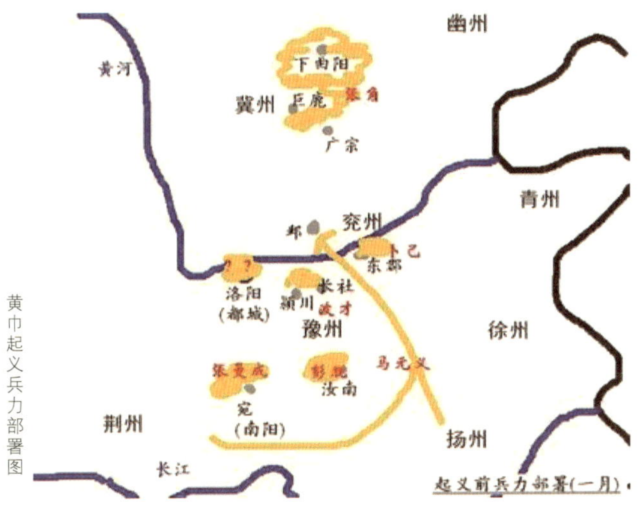

黄巾起义兵力部署图

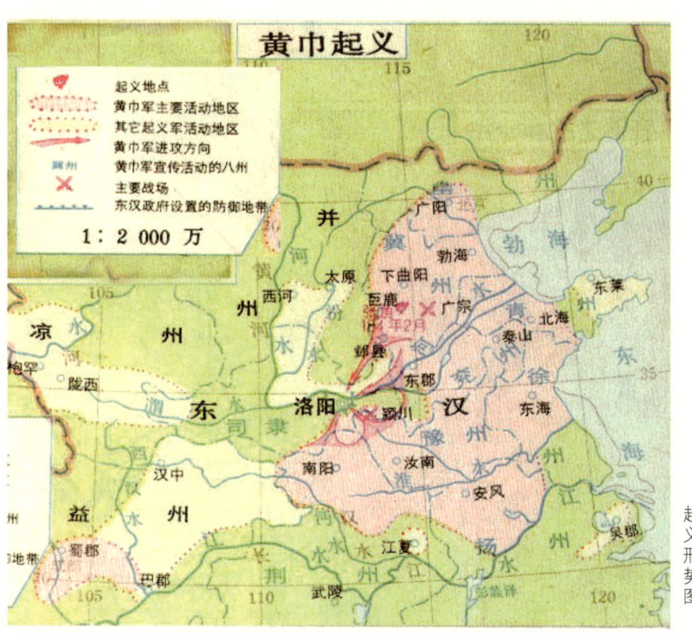

起义形势图

样："闭门打坐七七日，棺启方是腾飞时。化福离祸凭自持，龙飞在天尚可期。"张角吟诵数遍，忽然参悟。他马上回到位于灵霄山的黄巾军大营，派人做了口大棺，在里面冥思打坐。并嘱咐自己的两个弟弟张梁和张宝，不到七七四十九天万万不可打开棺木。后来刘备带领关羽、张飞等人杀上灵霄山，黄巾军抵挡不住，张梁、张宝慌乱之中在四十八天之时打开棺木，要张角一起突围逃命，看到棺材中的张角已修得龙身，只剩下头部还没变过来。这自然不是一个好兆头。果然，不久，张角病逝。后张梁、张宝相继战死沙场，黄巾起义随之宣告失败。

起义失败后，皇甫嵩率众血洗了东岳庙，庙内300余名道徒被杀，张角也被开棺鞭尸。幸运的是，在东岳庙地下密

黄巾起义

室内，还有百余人幸免于难，靠着地道中剩下的粮食和水度过了十余天。这些人确定处境安全后，偷偷出来，把黄巾军的尸体掩埋了，没敢留下坟头。又把庙内300余名道士集体葬于一座墓穴，简单树起一个木碑，碑上刻了三个字“道士坟”。这就是东庙村代代相传的道士坟的来历。但张角的坟墓是单独掩埋的，为了防止朝廷再对祖师不利，当时只立了一个无字碑。后来，木碑腐朽，坟头变平地，这些坟墓渐渐无法区分。

灵霄山景物

“乱世悲歌英雄泪，金戈铁马忠义魂。”黄巾起义虽然失败了，但张角创立的太平道，标志着早期道教的初步形成，对道教的创立和发展产生了深远的影响。如今，虽然这些荡气回肠、令人热泪盈眶的往事都已化作历史的尘埃，但却给后人留下了无尽的追思和一些无法解释的谜团……

有人说，张角临终前曾将“天书”（即“太平清领书”）原本交于张宝、张梁收藏，至今仍藏于东岳庙某处。多年来，村中老人都问过历代庙中的道士究竟有没有天书之事，道长均说：天书乃镇庙之神品，实情难以相告。

也有人说，当年黄巾军起义前筹备了一大批金银财宝，以备军需，藏在地下密室中。由于此事重大，除了张角三兄弟，没有人知道藏宝之处。张角死后，张宝、张梁先后血洒疆场，这批宝藏也就成了千古之谜。

灵霄山矮塔

《后汉书皇甫嵩传》记载，张角私造旗帜服装和武器等一切打仗用的东西，可是据东庙村老人传说，除了这些，张角还做了一身金丝龙袍。龙袍藏在哪里呢？人们推测，很可能和宝藏在一起……

2014年6月28日至29日，中央民族大学联合中国人民大学、北京大学、中国社会科学院、四川大学等多所知名院校，在平乡县举办了首届“中国太平道学术研讨会”，国内外20多名专家、教授、学者及道教界人士参加了会议。研讨会上，四川大学公共管理学院院长、教授、博士生导师潘显一在发言中明确指出："众所周知，天师道出现比太平道晚二十年，并且没有经典可以考据。虽然它一直延续下来了，但真正有经典的早期道教，唯一只有太平道……"

2015年10月23日至25日，由河北省道教协会、中央民族大学主办的河北省第一届道教论坛暨第二届"太平道"学术研讨会在平乡隆重举办。河北省委统战部、省民族宗教厅、中国道教协会、河北省道教协会和中央民族大学、中国社科院、北京大学、中国人民大学、北京师范大学、四川大学等高校院所众多领导专家学者700余人，再次"论道平乡"，并成立"太平道文化教学研究基地"，进一步深化了太平道的研究。

祝贺河北省首届道教论坛暨第二
河北省首届道教论
张角故里
主办：
承办：

2015年10月23日至25日，河北省首届道教论坛暨第二届太平道学术研讨会在平乡举行

研讨会上太极拳表演

这两次道教研讨会，充分肯定了起源于平乡的太平道在中国道教发展史上的作用和影响，确立了平乡县“张角故里，道源圣地”的历史地位。

作为太平道发源地的东岳天齐庙，又一次名声大噪。

尉迟敬德奉旨重修

汉代以前，平乡东岳天齐庙还没有一个固定称谓。秦汉以后，人们开始信奉泰山神，认为他不但能保国安民，让人太平长寿，还是统摄鬼魂的冥间之主。随着泰山神影响的扩大，在全国各地出现了很多规模不等的庙宇。这些祭祀泰山神的庙宇，普遍被称为“东岳庙”。这时，平乡东岳天齐庙也开始供奉泰山神，有了正式的名字“东岳庙”。

尉迟敬德

史料记载，唐贞观十五年(公元641年)，唐太宗又派得力大将尉迟敬德重修东岳庙。唐太宗为何要重修道观？这要从唐代尊崇道教说起。

唐朝建立初期，唐高祖自称为太上老君（即老子）后裔，自开国后即尊崇道教。贞观十一年（公元637年），唐太宗颁布诏令，尊道教为国教，王公贵族皆以道士为荣。到唐玄宗时，加封老子尊号为大圣祖玄元皇帝，以《道德经》为科举考试科目。唐代帝王将道教作为“皇族宗教”来复制推崇，上至皇家李氏，下至寻常百姓，都对道教非常信仰。

作为道教活动的重要场所，道观不但是道士修行之处，也是超度亡灵、祈求平安的地方。据说，东岳庙在唐朝得以大规模重修，就是为了给战死在艾村（位于平乡县田付村乡，距东岳天齐庙12公里）的罗成（即罗士信）聚气凝神。

武德五年（公元622年），罗成随李世民征讨刘黑闼，守洺水城。刘黑闼攻城，罗成孤军无援，最终战死在淤泥河。李世民将罗成安葬在艾村村西白马寺附近，至今艾村还留有罗成点将台。老百姓传说，雾气朦胧的早晨，在村西上空还能隐约看到当年雄姿英发的罗

罗成画像

成，还有当时激烈的战争场面。这实际上是一种光的折射现象，在平乡其他地方也曾出现过，就是著名的古平乡八景之一“汉城晨雾”。

罗成死于非命，魂遗艾村。李世民闻讯悲痛万分。为了给爱将报仇雪恨，他亲率大军围剿刘黑闼。最后刘黑闼粮草用尽，难敌唐军的金戈铁马，被李世民平

古平乡八景之“汉城晨雾”

定。即位之后的李世民，常常感觉早年平天下的时候杀戮过多，夜不能寐。为了超度天下亡灵，他下令在唐军打过仗的地方修建庙宇，以祈天下太平。因平乡东岳庙是道祖老子曾经修道之地，与全国其他道观相比，地位非凡。并且，此地还是猛将罗成魂归之地，唐太宗李世民对东岳庙的重建倍加重视，特命开国大将尉迟敬德亲自监工。

今河古庙六十岁以上的老人大多见

仅余的三通明清时期重修碑

过一块“尉迟敬德重修碑”，其上记载了唐朝大将尉迟敬德奉命重修东岳庙一事。然而，时光流逝，岁月湮灭，在“破四旧”之时，石碑被毁。传说，有村民捡到残碑，见背面光滑，就带回家中搓“糖球”（一种民间糖块，球形）。也有人说，残碑不知道被哪家子孙收藏起来了。

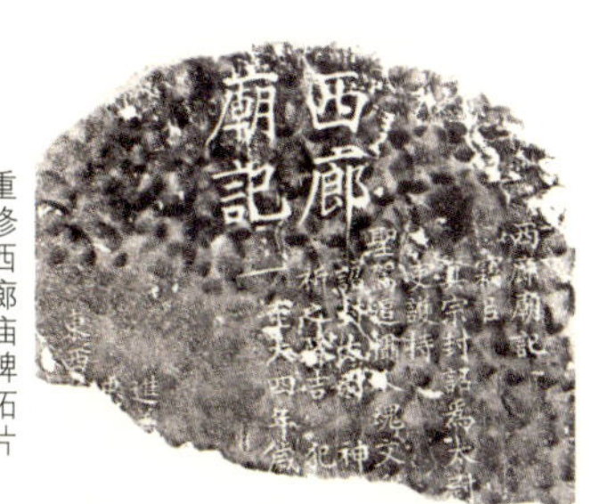

重修西廊庙碑拓片

唐开元十三年（公元725年），唐玄宗根据古代“功成事立，致治太平，乃升泰山而封禅”的传统，决定封禅泰山。封禅既成，他下诏大赦天下，加封“泰山之神”为“天齐王”，平乡东岳庙遂改名为“东岳天齐庙”。

丘处机寻访结道缘

丘处机（1148—1227年），今山东栖霞人，是全真教掌教及龙门派祖师。他学识渊博，在政治、文学、医学等领域均有很高的造诣，并因以七十四岁高龄行程万里劝说成吉思汗“止杀爱民”而闻名于世。

丘处机自幼失去双亲，尝遍人间疾苦。少年时就有悟性和远大的抱负，对道家学说十分着迷，得道成仙的愿望在他幼小的心灵扎下了根。他曾栖身于村北的公山，过着“顶戴松花吃松子，松溪和月饮松风”的生活。为磨练意志，他曾一次次将一枚铜钱从石崖上扔进灌木丛，然后再去寻找。足见他为了理想而劳筋骨、苦心智的良苦用心。

丘处机

丘处机抛铜钱磨练心智

在困苦生活中长大的丘处机一心向道，踌躇满志，渴望丰富阅历，增长见识。那时，中原腹地道学渊源深厚、名士众多，深深吸引着他。于是他励志西行，在增长学识的同时，也对自己的意志进行磨练。

丘处机风餐露宿，一路走来。相传，一天，他来到邢州之地，这里浓厚的道家文化氛围和秀丽的景色使他停下了脚步。当听说历史悠久的天齐庙就是老子的道场时，丘处机随即决定到天齐庙拜师学道。

来到东岳天齐庙，丘处机求见住持，请求拜他为师。道长被他的经历和真诚所感动，答应让他先留下来，停留和观察一段时日再说。于是，丘处机开始了他在天齐庙的生活。

在这里，丘处机如饥似渴地钻研道家经典，感悟《道德经》的微言大义。白天，他虚心向道长求教；晚上，在油灯下苦读，常常学到深夜。当庙里设坛做法事时，他认真聆听，仔细揣摩。

当时，在金人铁蹄蹂躏之下，中原失主，战祸不断，民不聊生，纷纷外出逃难。社会动荡之中，东岳天齐庙成为难民暂时避祸的港湾。庙内的生活虽然也很艰苦，但道长却毅然收留了几十名逃难至此的人们，克服一切困难，为他们提供食宿，治疗疾病。丘处机看到道长宁可自己不吃，也要给难民省下一口饭，并为难民亲自熬药劳作；看到道士们东奔西走，不辞辛苦的身影，深深为他们的义举所感动。

这次难以忘怀的经历，让丘处机真正认识到道教的真谛，使他明白，学道并不只是为一人成仙，入世救民更为重要。几个月后，道长把丘处机叫到身边，对他说："你天资聪慧，又勤学苦读，应该去找道行更高的人，学更多的东西。"他向丘处机提到了王重阳，叮嘱他无论如何要找到这个人，拜他为师。于是，丘处机离开天齐庙，开始了他真正的问道之路。后来，丘处机真的找到了王重阳，拜其为师，并成为他最得意的弟子之一。

丘处机在东岳天齐庙的生活，虽然只有短短的几个月，但在他确立人生志向的关键时期，是天齐庙给了他最为宝贵的东西，那就是以学济世，致力和平的崇高理想，并为他后来成就世人瞩目的功业奠定了坚实的基础。

史料记载，1224年春天，丘处机应燕京官员的邀请主持天长观，即今北京

北京白云观

白云观，他晚年一直生活在那里。因为与天齐庙的一段渊源，白云观与天齐庙素有往来，直至今日。《平乡县志》记载："本县道士常去北京白云观拜谒，有两名道长挂单（即在北京白云观居住），有时也请白云观道士来本县设道场斋醮科仪。"

墨道人留墨宝

来到天齐庙，高大雄伟的门楼上方"东岳庙"三个金漆大字映入眼帘。朱红大门两旁一副对联"峻极于天赞化体原生万物，帝出乎震赫声濯灵镇东方"，其书法字势雄强，笔法老道，真力弥漫，一看就知是出于大家手笔，细看落款为"墨道人"。

墨道人，俗名孙明瑞，法名清泽，

生前曾任河北省道教协会名誉会长、中国道教协会理事。他是中国道教界的一代宗师，更是中国书画界的画梅泰斗，因擅长画梅花而名闻于世，以浓墨重彩形成个人独特的风格，故号“墨道人”。

墨道人孙明瑞

墨道人虔诚修道，以庙为家。在道事活动之余，他曾走遍了全国几十座道观圣院，学习交流书法、绘画、道乐等知识。其间，因久慕天齐庙盛名，来此研究学习太平道乐，并与当时的主持姚孟文道长成为莫逆之交，此后便经常到东岳天齐庙讲经修行，交流道法。

墨道人一生严守戒规，从不蓄私

财。有不少海内外朋友要高价收买他的画，都被他婉言谢绝。但遇到真正需要帮助的人，他也可以把作品随手奉人，并不取分文报酬。天齐庙的道长们至今还记得一件关于他的往事。

平乡东岳天齐庙门前，墨道人题写的对联

墨道人笔下的梅花

1997年，墨道人曾经在天齐庙住过一段时间。那年修大殿，当听说资金困难时，墨道人说：“实在不行，我想办法画座殿。”因为他一贯谦逊、低调，当时人们并不知道他是一代书画大家，对于他这句话百思不得其解。大家私下还偷偷议论：“画”个大殿是什么意思，画的大殿怎么能供奉神灵呢？后来人们才明白，原来他的意思是，要把绘画所得贡献出来修大殿。

就这样，墨道人在天齐庙一住数月，跟这里结下了深厚的情谊。1998年2月，墨道人和姚孟文道长一起带领东岳庙太平道乐团赴新加坡进行道教文化艺术交流，产生了深远的影响。

据说，2010年2月5日农历腊月二十二这天，天气寒冷，滴水成冰。这天晚

上姚孟文道长早早休息了。睡到半夜，突然听到有个熟悉的声音在耳边说：“我走了，别送了。”姚道长突然惊醒，仔细回忆了一下，梦中分明是墨道人的声音。他想，也许是许久未见，有点想念他了，便又躺下。这时，他看了一眼墙上的挂钟，才凌晨四点多。第二天，有消息传来：河北省道教协会名誉会长、中国道教协会理事、画梅泰斗墨

墨道人作画

道人，在农历小年凌晨四点于睡梦中羽化仙逝……

而今，人间已无墨道人，只留清气满乾坤。但他与天齐庙那些美丽的故事将成为我们永远的宝藏和追忆……

那些神殿

全神殿

全神殿悬塑

随着后世的不断重修扩建，今天的东岳天齐庙共有庙观房屋108间，神殿24座，供奉道教神像715尊，被列为河北省重点宫观。

在总体布局上，平乡东岳天齐庙采用了以三条纵轴线为主，两条横轴线为辅，均衡对称，向纵横双方扩展的组群布局形式。在中轴线上，建有山门、灵官殿、仁圣宫、王母殿等主要建筑，中轴线两侧设置配殿供奉诸神。这种对称的布局，表现了追求平稳、持重静穆的审美情趣。

庙内建筑格局多为传统的四合院。这种格局对应了木、火、金、水四正，加上中央土，五行俱全。寓意可以聚四方之气，迎四方之神。

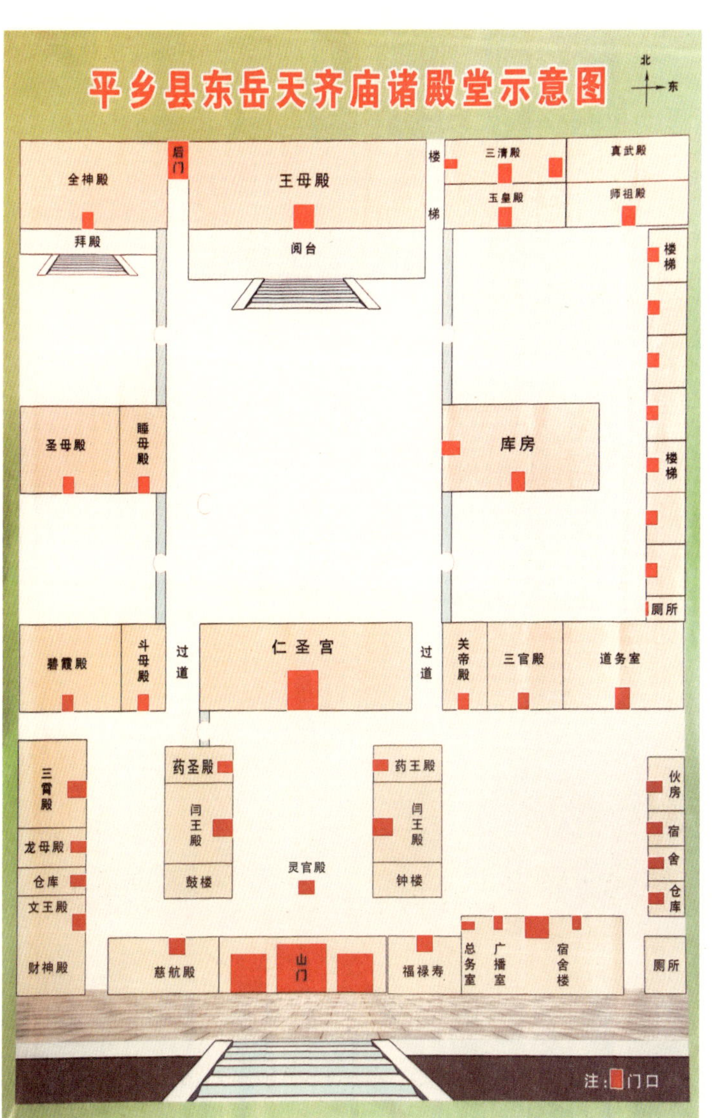
平乡县东岳天齐庙诸殿堂示意图
北
东
全神殿
后门
王母殿
楼梯
三清殿
真武殿
玉皇殿
师祖殿
拜殿
阅台
楼梯
圣母殿
睡母殿
库房
楼梯
厕所
碧霞殿
斗母殿
过道
仁圣宫
过道
关帝殿
三官殿
道务室
三霄殿
药圣殿
药王殿
伙房
闫王殿
闫王殿
宿舍
龙母殿
仓库
灵官殿
仓库
鼓楼
钟楼
文王殿
财神殿
慈航殿
山门
福禄寿
总务室
广播室
宿舍楼
厕所
注：门口

只有三堵墙的灵官殿

灵官殿在山门的正北方，与仁圣宫在同一轴线上。

说是“殿”，其实是呈“品”字形分布的三堵彩绘墙。左右两侧的墙上分别是两位护法神，正中央的墙上，站立着一位高约七尺的红脸大将。只见他三目圆睁，虬须怒张，披甲执鞭，威武凶猛，这就是道教最受尊崇的护法神——王灵官。

相传，王灵官本名王善，原是湘阴

灵官殿

灵官殿俯视图

（今江苏淮阴）城隍庙的城隍，因威猛无敌，疾恶如仇，被玉皇大帝封为“都天纠察豁落先天主将”，是镇守山门、监坛护法之神，司掌天上人间纠察之职。

灵官殿一般布局在道观两侧，但平乡东岳庙的灵官殿却是独立单一的殿宇，并且无门无窗无顶。为什么是这样的建筑和布局呢？

有这么一种说法：按照民间建筑传

统，主建筑物，比如民房的正房、庙宇的主殿等，一般不能直冲大门。因此，在仁圣宫和山门之间，需要设置一座殿。而王灵官又是镇守山门的神将，所以就把灵官殿设在这里。另一方面，人们认为，作为镇守山门之神，王灵官的视线也好、灵气也好，不应被四围墙壁和屋顶等“外物”阻挡，取“四方八面皆入眼，镇妖伏魔无遗漏”之意，故仅用三堵互不连接的墙壁代替殿宇。

无论是墙也罢，是殿也罢，都是老百姓对尊神无比的敬仰，都包含了他们对平安、幸福生活的美好向往。

匠心独运仁圣宫

仁圣宫位于灵官殿的正北方，是东岳庙的主殿。这里供奉的是东岳大帝，又称泰山神，原型是《封神演义》中的黄飞虎。商朝末年，他为反对纣王暴政，和老父、两弟、三子、四友带一千家将反出五关，投奔周武王，被封为开国武成王，后战死于渑池（今河南省渑池县）。姜子牙特封黄飞虎为五岳之首、东岳泰山天齐仁圣大帝，总管人间吉凶祸福。

仁圣宫是庙内保存相对完整的殿宇，殿内六根立柱和梁架结构均为当年旧物。据说，当年梁檀上曾有美丽的彩绘图案，为五爪龙等装饰。五爪龙是帝王之物，彩绘为龙纹，可见在某个时期，这座庙宇曾经引起帝王的关注。可惜，因年代久远，龙纹已无踪可觅。站在大殿中，仰望雕梁画柱，我们只能想象它当年身为“皇家宫观”时的辉煌。

说起大殿重修，这里还发生过一个小插曲。当时，领头的工匠是师徒三人。师傅负责总协调，大徒弟负责采购，小徒弟负责施工。因为年久失修，大殿有两根柱子已经腐蚀。重修时，只能再找两根立柱替换。大徒弟让人丈量了立柱的尺寸，就去采购木料，开始截取。偏偏事情就是这么凑巧，千算万算，截好的

仁圣宫砖雕

柱子还是短了一截。重新挑选吧，误了工期不说，钱谁出？大徒弟急得团团转，又不敢告诉师傅，偷偷去找师弟想办法。小徒弟听说后也犯了难，把自己关在房里整整一天一夜。第二天一早，他走出殿门，对师兄说："办法有了。"

大殿建成后，人们发现那新换的两根柱子跟另外六根并无二致，只是在底部多了一圈别致的莲花图案。原来，小徒弟让人在截短的柱子根部又加了一段木桩，并在接口处雕刻精致的莲花图案，加以掩饰。

柱子莲花底座及当年石墩

仁聖大帝判陽世善惡分明

仁圣宫外景

这样，在外人看来，底座与柱子浑然一体，莲花反而起到了画龙点睛的作用。众人直呼："真神啊！"

神耶？巧耶？说的是殿内发生的各种奇妙的故事，更是匠心独运的设计。

教人向善的阎王殿

阎王殿为仁圣宫配殿，供奉十殿阎君，分为两个殿宇，分别位于仁圣宫左右两侧。这里的神像个个面目狰狞，令人望而生畏。

在民间，阎王是主宰生死轮回的神灵。关于阎王，在河古庙村，还流传着一个故事。传说，河古庙村有个人，活到四十岁时，有一天无病无灾的突然死去。亲人们悲痛欲绝，赶紧准备棺材和寿衣。穿戴完毕入殓后，这人却又活了过来。他醒来后，说自己去了阎王殿，阎王查看生死簿，发现他寿限未到，再一查，原来该村还有一个跟他同名的人，阳寿已到，于是阎王又把他放了回来。村人不信，认为他在胡说。过了两天，那个跟他同名的人果然死了。村民才信了这个离奇的说法。

阎王殿外景

阎王殿内塑像

从此，这个死而复生的人开始信奉道教，每天为庙里打扫殿堂和院落，平时遇到老弱病残也帮忙周济。因为他的善举，又因为他在家里排行老四，村民送他美誉“四善人”。

故事虽然是故事，但阎王殿以其特有的警示方式，教育一代又一代人去恶向善，多修功德。

仙乐频奏王母殿

王母殿位于中轴线上，在仁圣宫正北。殿内供奉西王母，为道教统领三界所有女神仙的祖师，与东王公分别对男女神仙进行管理，化育天地，统治万物。人们又认为她是玉皇大帝的夫人，称为“王母娘娘”。在王母娘娘金身两旁，有十二位手持各种乐器的仙女，裙带飞扬，衣袂飘飘。

传说，每年的三月初三是王母娘娘的诞辰，她会在瑶池开蟠桃盛会，宴请各路神仙。生日那天，人间的百姓也会来到王母殿共同庆祝王母娘娘诞辰。

传说，有一年的三月三，广宗南门的一位忠实信徒，白天到东岳天齐庙烧香，为王母祝寿，回到家后，又接着为诸神上香，静坐祈祷。忽然，耳边传来一阵阵美妙的音乐，那乐声若有若无，

王母殿外景

王母神像

时断时续。这人十分吃惊，想知道乐声是从哪里发出来的。于是走出家门，循着悠扬的乐声前行。走了不到一个小时，发现自己不觉已来到了东岳天齐庙前。这位信徒感到特别神奇，就询问道长是否听到了乐曲声。道长说："我也听到了，你很有慧根，道行不浅啊！这乐声不是天天有，也不是一般人都能听得到的。"原来这乐声来自王母殿，是王母娘娘身边的十二位美丽的侍女在为她奏乐祝寿。

据说，在1949年新中国成立以及改革开放以来的一些重要节庆日，都曾有人听到过王母殿十二位美丽侍女演奏的婉转悠扬、优美动听的仙乐。

欣逢盛世，社会和谐，让我们静下心来仔细聆听，说不定哪一天，你也能听到这连接古今，涤荡心灵的天籁之音呢！

手持乐器的仙女

文王殿里拴娃娃

文王殿供奉的是周朝历史上的一代明君——文王姬昌。文王殿还有一个名字叫作“百子殿”，这是为什么呢？传说文王共有三十三宫妃嫔，每人生了三个儿子，共九十九子，外加义子雷震子，刚好有一百个孩子。“周文王生百子”被认为是祥瑞之兆，故被后人供奉为求子之神，称“百子周始祖”。

走进文王殿，会看到在他的塑像旁围满了白白胖胖的泥娃娃，煞是可爱。当地人介绍，许多久婚不孕的夫妻都来这里祭拜，请求文王恩赐给自己一个孩子，凡是心诚之人，回去不久就能顺利怀孕。因此当地流传着一句话“灵验文王，求子必应”。

相传，天齐庙所在的河古庙村有一

文王殿

对姚氏夫妇，两人自结婚后恩恩爱爱，羡煞旁人。然而天公不作美，成婚三年，妻子仍没有怀孕的迹象，一家人十分着急。小夫妻便到东岳天齐庙向文王祈愿求子。在当地，求子叫作“拴娃娃”，有一定的仪式。有的人自己去拴，更多的人请人给拴。拴娃娃时，先准备一根红绳，系成大小合适的活套，站在指定的位置，瞅准自己看中的那个泥娃娃，轻轻把红绳甩出去，如果套住

娃娃塑像

了泥娃娃，就算成功了。姚氏拴娃娃成功后，第二年就顺利地生下一个大胖小子。为了感谢文王赐子的恩德，他们给自己的孩子起名为“庙拴”，意为“孩子是从庙里用红绳拴来的”。就这样，一家人和和美美地过着幸福的日子。

时光荏苒，转眼五年过去了。小庙拴也越发活泼可爱，聪明伶俐，还没有上学就能背出百十首诗词。周围邻居都说姚妻好福气，求来个小神童。可是，这年夏天，小庙拴却生了一场病。左边的脖子上生了一个疮，整天流脓，看了很多地方，内服外用的药物也抓了不少，始终都没有好转。孩子整天喊疼，姚氏夫妇心急如焚。

万般无奈时，他们想到，是不是找个“师傅”（民间称谓，意即能驱邪治病的人）给看看，兴许管用。于是，他们就找了个师傅。那人一看，说：“你家孩子是拴来的吧？你们去当年拴孩子的地方看看，看那个小孩的脖子上是不是有破损，如果有，修补一下就行了。”夫妻俩赶紧去庙里，找到当年拴的那个娃娃一看，果然在娃娃左边脖子同样的部位有块泥皮脱落。他们赶紧找工匠给娃娃重新修补上色，过了几天，孩子脖子上的疮果然好了。

睡母娘娘送安康

我们平日去看病，医生一般要望闻问切，才能对症下药。可是，在东岳天齐庙却有一种有趣的传说，说这座庙里有位睡母娘娘，睡着就能治百病。

睡母娘娘原是平乡本地一位修道女真人，颇通医术，医德高尚，深受百姓信赖。她修道成仙后，长睡不起，肉身长久不腐。有求药看病的人给她上香以后，在她身上摸一摸，再摸一摸自己的患病处，症状立马有所缓解。等到夜深人静时，她还会为求药之人托梦送药。后在清朝入关时，睡母娘娘肉身升天而去。因她一生治病救人，做了不少好事，所以这方百姓为她建宫殿、塑神像并加以供奉。

关于睡母娘娘治病，当地的一位老

人讲了这样一个故事。那时，村里一个壮汉娶了个媳妇，新婚不久的壮汉去外地置货。适逢雨季，多日大雨，加上连夜赶路回乡心切，刚入家门，就一头栽在床沿上。大夫告诉妻子，她的丈夫是得了伤寒。新媳妇四处求医，试了多种方法都不见起色，急得天天哭。邻居老大娘看不过去，说不如去天齐庙求求。心灰意冷的媳妇来到天齐庙，叩拜了所有神像、宫殿，额头都磕出了鲜血。她

睡母娘娘神像

跌跌撞撞地回到家，伺候丈夫吃药后，自己迷迷糊糊睡着了。

第二天一早，妻子匆忙跑出家，回来后，手里拿着一副药。晌午，邻居就看见她的丈夫坐在家门口跟人聊天。病好得这么快，这引起村里人的好奇，都来询问是请了哪位高明的大夫。媳妇说，那天她从天齐庙回来，睡下后梦见了一位老夫人，让她去庙里睡母宫取药，煎熬后给病人服下。第二天她抱着试一试的想法，果真在睡母神像前看见了一副药，丈夫服后竟然病愈。

这睡母显灵的事传开，村民有什么疑难杂症都会来睡母殿拜拜，摸一摸睡母娘娘，希望她能赐福。

独一无二的全神殿

全神殿位于整个庙宇西北端，与王母殿平行。殿内供奉儒释道三家最有影响的大小神像668尊，神态各异，信仰不一却又浑然一体，真正体现出中国文化兼容并包与和而不同的思想理念。

大殿正中是道教创始人太上老君，圣人老子就是太上老君的第十八世化身，他是三清尊神中受到最多香火奉祀的神明。其身后为道教八仙。

太上老君左侧为儒家学派的创始人孔子，曾受业于老子，被后世尊为孔圣人，其儒家思想对中国和世界都有深远的影响。相传他有弟子三千，其中比较有成就的是七十二贤人。

太上老君的右侧为佛教创始人释迦牟尼，身后为栩栩如生的十八罗汉，或

太上老君

孔子

释迦牟尼

哭，或笑，或嗔，或痴，或思，或戏，或怒，或喜，各种神态表现得淋漓尽致，正是人间甘苦的化身，也体现了匠人的巧妙构思和杰出技艺。

此外，在殿的门头上方、房梁等处，都有神态各异、手持法宝的各路神仙。

全神殿是“悬塑式”神殿。悬塑又称壁塑，在殿堂内主神塑像的两侧、背后及上方依托墙壁塑造而成，营造出蔚为壮观、美轮美奂的立体的神的世界。正如殿门楹联所写：“六六三十六洞神仙七宝林中朝上帝，九九八十一万真人五明宫内礼虚皇”，平乡东岳天齐庙全神殿天地全神、儒释道三教、民间诸神共享人间香火，这在河北，乃至全国都是独一无二的。

历史的见证——三官殿

三官殿紧邻关帝殿，在其正东。殿内供奉的是天官、地官、水官，实际上是中国古代最有影响的三位部落首领尧、舜、禹。

相传元始天尊在正月十五、七月十五和十月十五这三天分别吐出一个婴儿，这三子长大后就是尧、舜、禹。尧时敬天爱民，以风调雨顺而被后人尊为天官；舜时民风高尚，地不生灾，故被尊为地官；大禹继承父志，因势利导，治理了空前的洪水灾害，故被尊为水官。

天官

在道教神系中，“三官”出现时间比三清尊神还早，是道教最早敬奉的神灵。三官信仰源于原始宗教中对天、地、水的自然崇拜。原始社会，由于生产力低下，人们对自然非常敬畏。三官所执掌的天、地、水三种物质

地官

水官

因与人的生存祸福有着密切关系，所以在早期道教中，三官是十分显要的神明。

四川大学道教与宗教文化研究所教授潘显一研究后认为，平乡东岳天齐庙自古以来供奉三官，是这座庙宇历史沧桑的实证，也是平乡为道教发源地的又一铁证。

妙趣横生鬼王殿

鬼王殿与天师府毗邻而居，面向西，供奉的是鬼王，简而言之，就是鬼的首领。

老人们说，天齐庙最有趣的就是这个殿。小时候，村里的孩子们经常到天齐庙玩耍，鬼王殿是胆大孩子的必去之地。这里雕塑的鬼王凶神恶煞，让人一见心惊，那些孩子以敢去鬼王殿为荣。走进殿里，只见鬼王伫立，两旁各站一小鬼，手举铁链，甚是吓人。胆小的孩子，根本不敢往里走。有一次，一个“孩子王”逞强，硬着头皮往里走，刚刚走到鬼王面前，小鬼手中的铁链突然套下来，一下子把脖子套住了。这个孩子受惊之下猛地抬头，只见鬼王怒视，分外恐怖。他急着逃走，谁知，越往后撤越走不掉，最后还是在大人的帮助下，从铁链里逃了出来。

原来，当年，鬼王殿有个“消息儿”（音，意即机关），只要人一接近鬼王，脚踏上机关，小鬼手中的铁链就自动套下，越挣扎越慌乱越逃不脱。熟悉这里的人都知道，只要把头一低，就从铁链下出来了。

现在的鬼王殿已经没有了巧妙的机关设置，但是那些发生在这里的儿时趣事依然被人们津津乐道。

三霄宫

碧霞殿

第三辑

说不尽的故事

古槐上的祈福红绸

苦累的由来

平乡有一种似菜似主食、有菜有面的民间小吃，叫做“苦累”。听老人们讲，“苦累”的来源跟天齐庙还有一段渊源。

人们传说，当年秦始皇在东岳天齐庙敲钟后，在方士的带领下到庙内各处巡视。此时已到中午，秦始皇感到饥肠辘辘，便命人来做食物。方士们不知道用什么食物招待锦衣玉食的皇帝，非常为难。

这时，一个方士偶然抬头看到了墙外那棵高大的榆树，鲜嫩的榆钱缀满了枝头，像一串串翠玉。他灵机一动：榆钱生吃味道甘甜，不知道做成熟食怎么样，何不一试？于是悄悄叫来师傅，把想法告诉了师傅。师傅一听，认为可

榆钱

行。吩咐他先不要声张，做两手准备，一人负责做榆钱饭，另一个人准备其他食物。如果榆钱做得好吃，就给皇帝吃；不好吃就换另外的食物。

于是，方士爬上树摘下榆钱，洗净拌上面粉，再加进盐，放在笼屉上蒸熟。只见做成的食物色泽透明诱人，尝一口香甜软糯，回味无穷。秦始皇品尝后龙颜大悦，大呼世间竟有如此之美味，于是问这叫什么名字。方士慌乱之际，小声嘟囔了句："这可苦了（累）我了！"秦始皇仅听到一个"苦累"，以为就是食物名称，平乡"苦累"由此得名。这正是：绿叶未生先有荚，枝头串串绽芳华，世间美味真可宝，始皇一品传天下。

此后，"苦累"这一特色小吃被当地人们传承下来，并不断翻新花样。如今，平乡人做的"苦累"，有豆角的、苜蓿的、茼蒿的……各式各样，风味独特，已经成为平乡民间具有代表性的特色小吃。

榆钱苦累

神秘的大钟

千百年来，东岳天齐庙的钟声伴随着百姓的生活节拍生生不息，它见证了秦始皇来庙内的足迹，也见证了时代变迁的繁华与沧桑……道徒和村民随着钟声而作而息，生活平静安详。然而，这样安逸的生活却在某天被打破。

据说，一天一伙盗贼见此地繁华，又发现每当晚钟敲响，村子随即寂静无声，便动了不轨之心，于是隔三岔五地就到村内行窃。

有一天，一大户人家因愿望达成，特送一柄青铜古剑还愿。此剑价值连城，道长恐怕丢失，便将宝剑锁到一个锦盒中，放在古钟旁边的屋内，并安排人员轮流看守。庙内有柄宝剑的消息在村内迅速传播开来，也传到了盗贼耳

复原后的大钟

朵里。

这伙盗贼听闻有如此宝物，自然不会放过。三日后，盗贼趁夜深人静时，悄悄潜入庙中，直奔事先打听好藏有宝剑的屋子。借着微弱的月光，凑近一看，只见宝剑锦盒就在桌上，又听守剑的小道士鼾声阵阵，不由窃喜。

盗贼从窗户潜入屋内，蹑手蹑脚地走到放有宝剑的桌子前。本来盗贼想只拿宝剑，可是发现装有宝剑的锦盒上着锁，怕开锁的声音惊醒小道士，便索性抱起锦盒扭头就走。刚走了两步，便觉得像被什么东西牵住一样，走不动了。与此同时，听到院内的大钟“噹”的一声响了。在寂静的夜里，清脆的钟声犹如一声号角，惊醒了庙内众道士。这下盗贼慌了神，扔下锦盒，撒腿就跑。还没跑出院子，就被众道士制服了。

盗贼被制服后，跪地求饶，并表示愿意改过自新。道长见其有悔改之心，便留于庙中，日日教化。后来，这些人都迷途知返，成为扶危济困的道人。

这一事慢慢流传开来，传诵间古钟逐渐被赋予神话色彩，说其钟声可使“浪子回头、暴徒弃刀”。

时至今日，“为什么盗贼无故被

绊，半夜钟声到底是怎么回事”等等这些都成了无法解释的谜团。但人们更愿意相信，这是道祖老子在庇佑着这一方净土。

千年古槐预示兴衰

天齐庙王母殿前有一棵槐树，从外表来看，并没有什么奇特之处，看起来树龄也不是特别长。但人们却把它叫做“古槐”，并且说，这棵树已经有近千年的历史了。这究竟是怎么一回事呢？

村里85岁的姚大爷说，据他爷爷讲，庙里曾有棵古槐，不知道是什么时候种的，反正长得非常高大粗壮，四个成年人手牵着手才能将树身环抱住。因为年代久远，槐树上空出一个大洞，爷爷和小伙伴们经常在里面捉迷藏，那个树洞能容纳四五个孩子。传说，这棵古槐还能预示兴衰。

1840年的一个上午，天齐庙的道士们正在盘坐诵经，突然听到“咔嚓”一声。走出去一看，只见老槐树拦腰折断，倒下的枝冠遮盖了半个院子，残留的半截树干直指天空。他们认为这是一个不好的预兆。果然，就在那一年的六月，第一次鸦片战争爆发了。

老槐树折断后，不再发芽，每当风吹过，树干就发出呜呜的声音，好像随时都有可能再次倒下。为安全起见，道长安排十余名道士将矗立在庙内达数百年之久的中空树干锯掉。

时间又过了很多年。有一年的春天，道士们清晨起来打扫，发现在枯死多年的槐树根部竟长出了新芽。消息迅速传开，人们纷纷来到东岳天齐庙，为神奇古槐的再生而激动不已。就在这一年的10月，新中国成立了。

所以，虽然现在的槐树树龄不过六十多年，但人们依然习惯称它是“古槐”。人们将树上挂满红绸、彩带。无论求姻缘，还是求平安，甚至连谁家的婴儿受到惊吓，半夜哭闹不止，都来祈求槐树保佑。在当地村民心中，这棵古槐像一位饱经沧桑的老者，以其独有的仁慈和博爱护佑着四方百姓。

重生的古槐

偶然得来的良药

每年仲夏时节，东岳天齐庙那株古老粗壮的槐树，绿冠成荫，生机盎然。其间开出许多米粒般黄绿色的小花蕾，它们团团簇簇，如锦似玉，煞是好看，这些花蕾孕育的是“槐米”。

到庙里来烧香拜神的善男信女们，一定会折几枝带回家中，用绳子捆好，挂在窗台上或者门框上，晒干备用。不要小看这普通的一束小花，在当地，槐米可不容小觑，用槐米煮过的鸡蛋可是一种救命的良药呢！

古时候，医学不发达，在身体皮肤受到创伤后，很多人因为没有很好的药物治疗而得“七日风”（即破伤风）死亡。百姓在意外受伤后，无不恐惧万分。因为一次偶然的机会，让人们认识

槐米

了槐米的神奇作用。

传说，有一个小孩在玩耍时不小心磕破了头，不幸患上了七日风，全身抽搐，呼吸困难，眼看就要不行了。父母赶紧去找郎中，郎中一看说，这样的情况，恐怕回天无力，让他们另请高明。万般无奈，孩子的父母只好去找天齐庙的道长想办法。道长想了一下说，有个方法可以一试。古籍上说，槐角可以治疗风邪之症，现在这个季节槐树还没有结角，不如用槐米试试。父母于是用槐米熬水后给孩子灌下，病情果然得到控制。又连续灌了两天，孩子渐渐好转。这时候再灌药，孩子嫌味道不好，不肯下咽。于是家人就将槐米与孩子爱吃的鸡蛋一起煮，吃了几天槐米鸡蛋后，孩子就康复了。

槐米煮鸡蛋

直到现在，如果谁家孩子磕破了头，老人们还会用槐米煮鸡蛋让孩子吃下，以预防破伤风。在民间，如果两个孩子打架，其中一个“挂了彩”，伤人孩子的家长往往会赶紧煮了槐米鸡蛋送去，表示道歉。孩子发生争执时，还常常听到这样的对话："你敢打我，我就告诉你娘，让你娘给我煮鸡蛋。"这里说的鸡蛋，就是用槐米煮过的鸡蛋。

槐角救命

那是一个灾荒年的春天，百姓食不果腹，度日艰难，只能将希望寄托于神灵。为了祈求国泰民安，四方香客及各地客商集资重修前大殿和东西厢房。修庙的工匠们家家粮囤见底，人人面有菜色，贫穷和饥饿无时无刻不在侵蚀着他们。即使饥肠辘辘，他们仍汗流浃背地为修建寺庙而努力着。

有一天早晨，一个在房顶搭建房檩的木工师傅突然发现殿边的老槐树上结出了槐连豆。槐树结果并不奇怪，但槐

槐角

连豆都是长在秋天，出现在这个季节，很是让人诧异。只见这些槐连豆一拃多长，晶莹碧绿，很是诱人。他忍不住放在嘴里尝了一口，哎呀，汁多肉甜，清香可口！木匠兴奋的呼朋唤友，爬树的爬树，上房的上房，边摘边吃，大快朵颐，别提多高兴了。

更为神奇的是，当工匠们前一天采摘完，第二天一早，树上就又会挂满，像是上天赐予工匠们的一份厚礼，成为他们赖以充饥、补充体力的营养食品。工匠们吃完后神清气爽，力量倍增，干活如有神助。天齐庙修建完工后，这样的槐连豆就不再生长，并且此后的春天再也没有长出过。道长感叹道："这一定是上天对虔诚人们的恩惠吧！"

后来，每到秋天，树上依然挂满槐连豆，但这些果实跟平常的一样，吃起来非常苦，没有人愿意再尝第二口。

如今，究竟有没有神奇的槐角已经并不重要，重要的是这个美丽的传说口口相传，直到今天。每年都有许多人来到东岳天齐庙，在槐树下感受那份神秘的气息。

古槐结满槐角

石狮传奇

“槐树奇，古钟怪，门口的狮子能守财。”这句歌谣里讲的都是天齐庙美丽的故事和传说，下面说一说天齐庙门口的狮子。

“文化大革命”时期，红卫兵高举“破四旧”的大旗，冲击寺庙、古迹、查抄焚毁藏书等，这场文化浩劫影响全国，自然也波及东岳天齐庙。

一天早上，道士们正在大殿内诵经，一队红卫兵突然冲了进来，义正言辞地说要“破旧”，见神像就砸，见石碑就毁，见藏书就烧……就连庙门口的石狮，也被推倒在地，腰间出现了一道大裂缝。道士们也被赶出了天齐庙，这里被改建成了生产队的粮仓，院子里也搭建起柴房、牲畜圈等。

庙门外的石狮

当时，庙北有户人家，男主人在这里看大门。一连几天，队里的鸡总是不明丢失。生产队长很生气，怀疑是他监守自盗，私吞集体财产。这人就多次跟队长理论。

没有办法，后来他就跟自己的妻子轮流值夜看着鸡窝。这天夜深人静时，他拿着菜刀，埋伏在鸡窝旁边，等待着偷鸡贼。时间一点一滴地流逝，等得都快要睡着了，突然听到鸡窝里有动静。他轻手轻脚地走近一看，原来是一只黄鼠狼。男子大怒，看准黄鼠狼的脖子，挥刀扔去。这时，一道金光闪现，只见一头猛兽张开大嘴咬住了黄鼠狼。可是挥出去的刀已经收不回来了，不偏不倚将那头猛兽耳朵削下了一块儿。等他回过神来，猛兽和黄鼠狼都不见了。他恍惚记得，这头猛兽腰间有一道伤痕。

第二天，男子出去干活时，突然看到庙门口的地上有几滴血痕，他顺着血滴走去，竟然看到倒在地上的石狮耳朵少了一块，并且石狮腰间也有一道裂痕。这时他才恍然明白，昨晚原来是石狮显灵，猎捕黄鼠狼，守护着这里的百姓。

张角一夜修土城

公元184年，一场惊天动地的厮杀打得刀光剑影，天昏地暗。这场发生在平乡大地上的张（张角）董（董卓）之战，最终以董卓败北而结束。

初战告捷，黄巾军士气大增，想趁热打铁往南攻打东汉都城洛阳。可是忽然得到消息，朝廷派刘、关、张弟兄仨来接战，他们率领大军抢走了董卓，正往营寨方向赶来。张角深知刘、关、张三人文韬武略样样精通，他命令张宝率领左军，迎战关羽，张梁率领右军，迎战张飞，自己亲率精锐部队，抵挡刘备。

两边各显本领，互不相让，正打得难解难分，张角一队人马后面却乱了阵脚。原来是皇甫嵩、朱隽趁前方打得激烈，偷偷绕到后方破了张角的大营。元气大伤的黄巾军被迫后退到四十里外的东岳天齐庙。刘关张紧追不舍，但见天色已晚，就在离天齐庙不远的地方安营扎寨，等待天明进攻。

黄巾军被围困，急得张角心如油煎。夜深人静的时候，他全副武装，准备独自一人外出窥探敌情，找寻突围之计。谁知他刚刚迈出天齐庙大门，就隐约看见一个人影晃动。走近一看，只见那人鹤发童颜，仙风道骨，正在用衣襟包土垒墙。张角看到这奇怪的举动，突然心里一亮，火急传令，让士兵们用衣襟包土修城。一时间有的挖土、有的运土、有的垒墙，大家干劲十足。奇怪的是，一个时辰过去了，城墙越垒越高，被挖的天齐庙院子的土却不见少。张角明白这是老神仙在暗中帮助自己，连忙跪下，朝天拜了三拜。天明之前，一座土城修成了。刘关张正想前来攻打，见天齐庙四周突然出现了一座坚固的土城，以为有神助，不敢冒险攻打，只好远远围住，妄想把黄巾军困死在里面。

张角被围不过一日，在邯郸大破官军的部将王甲就闻讯赶来。张角见救兵已到，当即率领大军出城，里外夹攻，刘关张抵挡不住，迅速撤兵离开。

后有歌谣唱道："张角受困天齐庙，是生是死不可料。白发神仙从天降，奇法妙策解危难。城墙一夜平地起，庙佑黄巾破劲敌。"人们都说，是天齐庙的神明保佑了张角，也保佑了黄巾军。

仁圣大帝赐大力

在天齐庙南三里多，有个村子叫固城营（现属于邱县），村里有个叫陈三的男子，家境不好，靠做小买卖维持生计。陈三心地善良又勤快，平时在庙会上卖东西，看到老弱病残都会帮一把，还常常帮助庙里的道长打扫庭院，为佛像拂尘去垢。

仁圣大帝

这天清晨，陈三赶会来早了，又到天齐庙帮助做杂活。在仁圣宫打扫时，发现仁圣大帝的耳内有一个小马蜂窝。他找来竹竿捅掉了马蜂窝。

这天夜里，陈三梦到仁圣大帝，说他治好了自己的耳疾，可以满足他的一个愿望。陈三想，自己做小买卖，就要“利”吧。从此，变得力大无穷。原来仁圣大帝错把“利”听成了“力”，于是赐予他“力量”。

有了力气的陈三帮助村民做了不少好事。村里只有一口井，村民每天排队到这里打水。村中有个恶霸，每天都要打第一桶水，并且一桶接一桶，村民们敢怒不敢言。陈三想了一个办法。这天，他事先搬来两个大石磙相互依靠放到水井之上，将井口堵住。恶霸的家丁来打水，见到井口被石磙堵住，就想移开。但是，石磙太重，一下子移走两个不可能；只移走一个，另一个失去依靠就会卡住井口。家丁大眼瞪小眼，一点办法也没有。这时陈三来了，他对家丁说，自己能把石磙移走，但必须让大家先打水。家丁无奈，只好默认了陈三的提议。陈三两个胳膊夹起石磙，一下子就挪开了。后来，村民就给他起了“陈大力”的外号。

第四辑

传承的民俗

龙虎牌，保吉祥

每逢重大节日、庙会，东岳天齐庙都要举行隆重的祭祀活动，这一天，总要请出东岳天齐庙的镇寺之宝——龙虎牌。

龙虎牌长约180厘米，高约80厘米。从画面正中看去，“蓬莱仙境”四个苍劲有力的大字映入眼帘。而当你往左走几步看时，是一只双目圆睁、威风凛凛的上山猛虎。从右侧看却是一条腾云驾雾的金龙。如此绝妙的构思让人叹为观止，啧啧称奇。

龙虎牌

传说龙虎牌的制作始于老子。当年，老子在这个地方筑炉炼丹，需要聚精会神，不受任何打扰，否则会功亏一篑。他认为要有一个辟邪护身之物，以保证炼丹时的清静。于是便用朱砂在桃木板的两面分别画上了一道符，一面形似龙，一面形似虎，将此符置于门上以驱魔辟邪。

龙在古时是祥瑞象征，也是民间各类庆典或祭祀活动的主角，人们把美好的愿望都寄托在龙的身上。虎是阳兽，为百兽之长，传说能吞食鬼魅，辟邪纳吉。“云从龙，风从虎。”龙虎相交表示阴阳交合，这又与老子阴阳对立统一的辩证思想相合，在老子的《道德经》中有高度的概括和体现。可见，当年老子所做的“龙虎符”深有道理。

后来，龙虎符渐渐为百姓所信赖，发展出很多样式。龙虎符的制作更加精细，视觉效果更加美观，名字也由原来的龙虎符变成龙虎牌。现在人们看到的龙虎牌是曾经在北京白云观出家的董宗瀛所创变，这位道士是平乡县齐庄人，他道术精深，剪纸艺术也堪称一绝，研究制作的龙虎牌更是被人称道。制作龙虎牌时，他又有所创新。正面的“蓬莱仙境”，是传说中道家八仙过海之地，那里仙山缥缈，海

天齐庙道长的剪纸

天一色，是人们所向往的人间仙境和道教圣地。

龙虎牌经过几千年的流传演变，由最初创造的平面二维图，形成现在集书法、绘画、剪纸为一体的三维立体形象。作为道家智慧的结晶，龙虎牌既是极为珍贵的艺术瑰宝，又是世代相传的镇宅辟邪之吉祥物，它庇佑了一方百姓，为平乡带来吉祥和福祉。

祭冰神：风调雨顺、物阜年丰

今平乡县游庄乡后张范村，流行着一种具有三百余年民间传统的祭冷神活动，又称祭冰神。该活动由东岳天齐庙一位道士引入当地，因极其灵验，得到了后世的代代效法，逐渐形成一种民间宗教祭祀活动，延续至今。

祭冰神

古时候，邢台东部的平乡界内，经常在立夏前后下几场冰雹，将村子里的庄稼和河沿的树木破坏得不成样子。下得急时，冰雹穿透茅屋顶砸坏屋子里的碗、盆、罐，路上的行人来不及躲避，被冰雹砸伤砸死的也不在少数，家家户户苦不堪言。

当时，平乡县后张范村的一位姓张的小道士，在天齐庙修道。他不忍心看乡亲们受冰雹之灾，决定寻求治理冰灾的办法。一天，听说西边一百里灵霄山附近曾经闹过冰灾，当地百姓请山上道长作法后，就再也没下过冰雹了。小道士立即动身去西部山上拜见道长，寻找免除冰灾的法子。

当他走到山脚下一个小村子里询问山上道长的行踪时，却被告知道长早在很多年前就去世了，小道士失落之余，又问是否还留有免除冰灾的办法。村民说：“这山脚下每个村子用的方法都不大一样，你得挨个去问。”

神像

就这样，小道士沿着山脚，挨个村子走，边问边记边学，花了一个月的时间，足足记了一大厚本儿。之后，小道士回到庙内，一面潜心修道，一面将所学悉数传授给村民。

次年，立夏前后三四天，小道士让全村人都忌口，肉、葱、韭菜、蒜都不能吃。并在村子里搭棚设坛，棚子大小门口贴有两副对联：至意恭迎东南雨，虔心静候西北风；立夏祭冰民心愿，人人俱盼五谷丰。然后摆供桌，上贡品（黑猪、乌鸡、乌鱼），请龙轿，请神（寿星、八仙、108位龙神、火神）。次日，

贡桌

贡品

祭冰神

祭文

贡品

到村中长老家里用宽口瓶从井中取水，意思是请来井泉龙王。然后小道士上发文，上表东岳大帝，接着由乡亲们一起转供、升供，抬龙轿沿街游走一圈，回到神棚。午后，待立夏时辰一到，便将贡品移到村西北事先挖好的贡坑边，将贡品一起烧

烧贡品

掉，最后，将所有坑中预留的“一坛功”（一组剪纸：旗一对、伞一个、抄子一个、花一束、幡两个、灯笼两个、扇子一个）烧掉，把坑填平，祭冰神结束。

此后，平乡县境内在粮食收获时下冰雹的情形大大减少，偶有冰灾，也不为大害，年年五谷丰登，百姓安居乐业。后来，有人问张道士缘由，张道士

贡坑

烧贡品

只说是受了太平道大贤良师张角的点化，前去灵霄山学了避免冰灾的法子，又劝人多积口德，多行好事，上天有德，才不会降罪于民。

直到现在，每年立夏时，后张范村都要举办祭冰神大典，村民们搭棚、上供、请神、请功、开经、上表、游街、烧拜，用这种古老的祭祀方法，祭奠冰神，祈求年年风调雨顺、物阜年丰。

国之瑰宝太平道乐

1998年，东岳天齐庙道长姚孟文率邢台太平道乐演奏团，将一曲太平道乐带到新加坡亚洲道教节……

乐声响起，管、弦、箫、鼓等相继登场，那高亢的唢呐声，浑厚的锣鼓声与呢喃的诵经声交织一体。时而铿锵热烈，如水阻江石、浪遏飞舟，时而悲怆委婉，如风啸峡谷、百折迂回，时而明

古槐下，道长正在教授弟子太平道乐

快畅达，如月游云宇、水漫平川……一曲终了，人们的神思已随着太平道乐飞向天际，像是完成了一次与天、地、神的对话与交融。

太平道乐也称太平古乐，发祥于冀州钜鹿（今平乡县）。东汉末年，官府腐败，民不聊生，胸怀大志的张角十分渴望改变这个社会，使百姓过上富足太平的日子。于是根据《太平经》，创立了太平道，发动了黄巾起义。

起义之前，张角进行了长达十多年的思想舆论造势，把自己的主张和对神的祷祝融入《太平经》，让道徒们诵读。为使韵律整齐划一，加入了打击乐，有了轻重缓急的节拍；为使旋律更加优美，又逐渐增加了管弦乐器，形成了多种风格。道乐中蕴含的追求太平的

太平道乐演奏

理念，启发了无数心灵，经过一代又一代人的丰富与完善，逐渐形成了独树一帜的“太平道乐”。

太平道乐演奏乐器主要有管、笙、笛、箫、鼓等，多为天然取材，由手工精心制作，这与道家崇尚自然，天人合一的观念是一脉相承的。

太平道乐曲谱流传下来的都是文字谱，即工尺谱。工尺谱只记写了旋律中的音高关系，没有实质的强弱拍的划分标记，只能靠师傅口传心授，保证了太平道乐的主旋律原汁原味，古风犹存。

平乡太平道乐现保留下来的曲牌有100多首，代表曲目有《小花园》《慢板小开门》《五声歌》《慢九声》《十供养》《东岳天齐》等。

太平道乐经过1800多年的口耳相传，在国内民间音乐及宫观道教音乐中绝无仅有，被誉为世界道教音乐的“活化石”。并于2008年，被列入第二批国家级

非物质文化遗产名录。

如今，演奏太平道乐已演变成平乡的一种民间娱乐形式和民俗活动。每逢节日、庙会都会打醮，祈求神灵保佑风调雨顺、五谷丰登；在家庭修造、祀土等民俗活动中，也会请道士演奏太平道乐祈福。这来自远古的天籁之音，伴着人类文明的脚步，和着人们奋斗的节拍一路走来，越走越远……

抬黄杠，带来富裕和安康

抬黄杠也叫抬杠、抬皇杠、抬花杠，是流传于平乡一带的民间娱乐活动，有歌谣唱到："抬黄杠，送黄粮，送给黄巾做粮饷，黄巾吃了打豪强……"可见，抬黄杠这一民间娱乐活动与辉煌一时的黄巾军也有着很深的渊源。

据介绍，抬黄杠习俗是东汉末年黄巾军与官兵打仗时留下的。相传，当年黄巾军在今广宗一带与官军展开激战，黄巾军部将黄龙负责在附近（今平乡、南和一带）筹集粮草，俗称"黄纲"。附近村民纷纷献粮，将粮食装到一个小箱子里，抬着箱子底部的杠杆，为义军送粮。为避免官府稽查追捕，运粮队由黄巾军将士护送，将"黄纲"送到前

抬黄杠

线。年长日久，逐渐演变成一种民间喜闻乐见的大型娱乐活动。曾经的“黄纲”，逐渐演变为“皇杠”，“文化大革命”期间改称“花杠”，现在又恢复为“皇杠”。

皇杠是一种独杆轿。一盘杠由杠杆、箱架、杠箱、箱环、串铃、彩花、顶旗（两个鸡毛掸子）等七部分组成。杠箱内部装的是由金箔银箔制成的“金银财宝”，杠杆用有弹性的木料做成，两头细，中间粗，漆成大红色，长约6米，由两人抬着表演。抬杠的人，一人后仰，一人前倾，双手叉腰，脚踏鼓点，动作利索而有节奏。抬杠队讲究步伐，杠花、舞步遵从老规程，记载了当年黄巾军和官兵交战时的种种情景。骑马者代表黄巾军，抬杠者是老百姓。有时候，马掩护杠，表示黄巾军掩护老百姓；有时候，杠围住马，代表老百姓掩护黄巾军；有时候，马突然从杠中跑出来，代表黄巾军出奇兵袭击官军。两侧的箱环、串铃随着表演者的步伐而敲击杠箱，发出有节奏的声响。每一种杠花都是一种纪念，数十盘杠形成一条长龙，你来我往，“穿十字”“走连环”“掏剪子股”，队形千变万化。

在表演过程中，头裹黄巾、脚穿红

缨软鞋的杠夫也要展现一番绝活，换肩不用手，串杠如梭，颇具技巧和功力。杠头在杠夫的脖子、两个肩膀、脊背、胸前各处灵活移动，当两人都用前胸顶着轿杆时，就发生“顶牛”现象，据说，平乡人习惯把两人吵架顶嘴称为“抬杠”，就是来源于此。

“抬黄杠”是民间艺术（舞蹈）的一朵奇葩，在每年的平乡县乡艺会演中，独放异彩。伴随着岁月的更替，这项古老的活动历久弥新，焕发出愈加夺目的光芒。

太平鼓，安太平

每年的正月，平乡县都会举行大型乡艺会演，而太平鼓是人们翘首以盼的节目之一。它的鼓声时而明快清脆，悠扬婉转，时而浑厚激昂，传达出人们吉

太平鼓

祥太平、步步登高的美好愿望。震人心扉的锣鼓声与击鼓人喜庆的红黄色服饰结合在一起，给人们的视觉和听觉带来了冲击。

太平鼓，在平乡一带又名黄巾太平鼓，是保留至今最古老的战鼓之一。相传平乡黄巾太平鼓起源于东汉末年的黄巾起义。最初的黄巾太平鼓作战场助威之用，其鼓声撼天动地，与战场的浓烈气氛相吻合，战士们听后士气倍增，奋勇杀敌。虽然黄巾起义最终不幸失败，但太平鼓乐流传了下来，并成为富有平乡地方特色的一门民间艺术。

太平鼓发源于黄巾起义，平乡这片土地也为太平鼓的传承与发展提供了广阔的舞台。特别是改革开放以来，在历届县委、县政府和文艺工作者以及民间

鼓手

艺人的挖掘、丰富下，太平鼓与太平道教文化相互融合，形成了独特的服饰、道具，又搭配其他乐器演奏，逐渐发展成一种场面宏大、独具特色的民间艺术形式。

今天的平乡黄巾太平鼓已经远播到了河南、山东、山西、江苏、湖北等地，它展现的是平乡人昂扬向上、热情奔放的性格，黄巾太平鼓不仅影响着平乡，平乡也必将担负起继续传承与发展太平鼓艺术的重任。

九月九张角会

作为全国最大的自行车、童车零配件生产基地，河古庙村几乎隔一天就有一个“会”，会的意思其实相当于“集市”，就是给大家提供一个贸易交流的场所。

河古庙的“会”最初是由庙会发展而来的。时至今日，河古庙每年仍然有几次大的庙会，其中规模最大的要数农历九月初九庙会。这天，大街上堵得水泄不通，天齐庙里更是摩肩接踵。这个日子有什么不同，这个庙会起于何年？这要从张角说起。

前面讲过，东汉末年，张角发动了

九月九张角会盛况

著名的黄巾起义。起义聚众商议、运筹帷幄都在天齐庙。那么，这么多人来往于一个庙宇，怎样才能不引起官府注意呢？张角等人通过商议，认为通过庙会的方式比较稳妥。即使有人觉得这里人流来往频繁，也不会引起怀疑。于是，他们张贴告示，以庙会打醮为名，邀请四方善男信女到庙里上香许愿。

为什么选了九月初九这天呢？因为九月九日，日月并阳，两九相重，而九

与“久”又是谐音，这是个吉利的日子。

果然，九月初九的庙会非常成功。这一天，上香的、看戏的、赶会的，人山人海，万头攒动。集会上，商贩们推销产品的叫卖声、赶会人的讨价还价声响成一片，人们肩膀以下部位皆看不到，货篮只得举过头顶，这无形中掩护了来这里谋事的义军。

就这样，为了议事方便，后来黄巾

军又逐渐增加了三月十五、七月三十等几个庙会。这些庙会也慢慢发展起来，直至现在。

后来，张角起义失败了，但庙会的习俗留了下来，并流传至今。现在很多老人提到河古庙庙会，还说是“张角会”。

第五辑

道骨儒风平乡人

東岳廟重建暨中国自行車另件城建設十周年
振兴平乡经济
廟是市场源泉
丙戌年秋月宝亮書

上善若水
厚德載物
千古流芳

道骨儒风平乡人

平乡是千年老子道场，又是中国最早的道教——太平道的发源地，老子“不争”“守道”的思想以及源远流长的道教文化，对本地人的影响非常深远，造就了平乡人崇德向善的美好品质。同时，儒释道三教合一的兼容并包，使这里的人们既有儒家积极进取的心态，又有佛家慈悲为怀的情怀，还有道家以道处事的境界。

《平乡县志》称，平乡人“性敦厚，好儒术……婚姻不论财，丧葬不用乐，醇朴有古人风。”自古以来，就有“平乡县里多贤士”的美誉。汉代两

袖清风、留犊淮南的寿春县令时苗；西晋满门精英、忠心为国的“柴半朝”一家四十余人；明代因宽和善良被称为“云佛”的汝宁通判云五色，八载知府、九次受朝廷嘉奖的刑部员外郎中韩焘；清代名震江南的才子刘鼎……今天更有“平乡县里好人多”的赞誉：感动中国的盲人穆孟杰，全国最美教师胡清汝等。

如今，平乡社会和谐安定，人们健康富足，讲诚信、做好人已蔚然成风。但凡跟平乡人打过交道的，无不竖起大拇指赞一句：“平乡人好！”无论是谁，来到平乡，总会感动于那一张张热情的笑脸，那一句句亲切的问候，那一次次热心的帮助。

远的就不用说了，这里就讲一个关

柴氏一门所立北齐造像碑

于平乡人让车的故事。

那是2013年，朋友介绍一位浙江商人来河古庙投资建厂，但是他对平乡的投资环境缺乏了解，正在举棋不定时，一件小事让他坚定了在这里扎根落户的信心。

考察期间正值隆冬，那天大雪纷飞，他驱车前往河古庙，因路况复杂，马路上车辆行进缓慢，造成拥堵。因急于赶时间，他只能跟随一些车辆绕村庄小道行驶。

乡村道路本来就狭窄，前方一辆汽车又坏到路上，仅可容一辆车通过。这时，一辆装满货物的三轮车迎面驶来，浙商本想停靠路边让他人先过，但没想到的是，三轮车缓缓退回十几米处，随后从车上跳下一位三十多岁的年轻人，示意并指挥浙商的车辆先行，还说：“路太滑了，小心点。”风雪中，那年轻人头上、身上落满了雪，他拍打着身上的雪，快步走向三轮车，浙商连声道谢并问年轻人哪里人怎么称呼，年轻人边走边说：“我是河古庙的，这点小事谢啥呀。”这件事情虽小，但却让身处异乡的浙商在寒冷冬日里感到了温暖，也让他坚定了在河古庙投资的决心，没过多久，就签约建厂，如今，他的事业已在河古庙发展壮大。

古有孔融让梨，今有平乡人让车。让出了淳朴民风，也让出了商机。

可以说，平乡以及体现平乡发展缩影的河古庙，能有今天的繁荣和昌盛，得益于这里人们的勤劳智慧，得益于这里淳朴善良的民风，更得益于道教文化和滏漳儒家文化的滋养。

愿平乡人用自己的诚信、勤劳和智慧创造更加辉煌灿烂的明天！

東岳天齊廟

[后　记]

后　记

金子埋在地下就是土，挖出来才有价值。但云卷云舒，岁月沧桑，丢失的很多，留存的很少；遗忘的很多，记住的很少。

如果能够回放历史，可以想象这片土地曾经是多么辉煌厚重，这里的故事曾经是多么精彩纷呈。整理这些文字，只能算是抛砖引玉，希望靠大家的力量一起去挖掘这些碎片，拼接过去，还原历史。

文中涉及的一些民间传说和故事，表达了劳动人民美好的追求和向往，我们尽量原汁原味地记录下来，以期传播真善美，弘扬道教正能量，促进社会主义和谐发展。

不妥之处，敬请批评指正。